CRISTIANO Y...
¿PRÓSPERO?

Descubra la verdadera prosperidad bíblica

R. Alberto Altina

Copyright © 2013 - 2016 R. Alberto Altina

Copyright © 2013 - 2016 Editorial Imagen.
Córdoba, Argentina

Editorialimagen.com
All rights reserved.

Edición Revisada y Corregida en Julio 2016

Todos los derechos reservados. Ninguna parte de este libro puede ser reproducida por cualquier medio (incluido electrónico, mecánico u otro, como ser fotocopia, grabación o cualquier sistema de almacenamiento o reproducción de información) sin el permiso escrito del autor, a excepción de porciones breves citadas con fines de revisión.

Todas las referencias bíblicas son de la versión Reina-Valera 1960, Copyright © 1960 by American Bible Society excepto donde se indica.

CATEGORÍA: Vida Cristiana

Impreso en los Estados Unidos de América

ISBN-13:
ISBN-10:

ÍNDICE

Introducción 1

I. 3

    ¿QUE SE ENTIENDE POR PROSPERIDAD BÍBLICA? 3

    ¿DESEA DIOS PROSPERARNOS? 5

II. 13

    EL ORÍGEN DE TODAS LAS COSAS Y LA MAYORDOMÍA DEL CRISTIANO 13

    ¿QUE PIDE DIOS PARA PROSPERARNOS? 22

III. 27

    EL MAL USO DEL DINERO 27

    ESCLAVITUD FINANCIERA 38

IV 43

    DANDO A DIOS LO QUE ES DE DIOS Y A CESAR LO QUE ES DE CESAR ... 43

V 55

    ¿ES LA PROSPERIDAD PARA TODOS? 55

VI 63

    ¿COMO NOS PROSPERA DIOS? 63

    ¿PUEDE UN HIJO DE DIOS SER PRÓSPERO?: 68

Más libros de interés 71

Introducción

El título nos plantea una encrucijada, ¿será posible que se den ambas cosas? Se nos ha hecho costumbre aceptar más los conceptos de la tradición que los revelados en la Palabra de Dios, al punto que por mucho tiempo creíamos que ser pobre era un buen síntoma entre los cristianos, pero... ¿es esto lo que enseña Dios en su Palabra? Y por otra parte aparecen quienes con exagerado énfasis hacen hincapié en la mal llamada Doctrina de la Prosperidad oponiéndose vigorosamente a aquel concepto tradicional. ¿Cuál es la verdad?

Jesús dijo: Juan 8:32 Y conoceréis la verdad, y la verdad os hará libres.

Y también Juan 14:6 Jesús les dijo: Yo soy el camino, la verdad y la vida; nadie viene al Padre sino por mí

Por lo tanto si anhelamos conocer cuál es la posición correcta para un cristiano que pretende ser obediente a la

Palabra de Dios, debiéramos prestar atención a lo que en ella se nos enseña, y en especial a las enseñanzas de Jesucristo.

¿Cómo ve Dios al dinero? ¿Es bueno, es malo, es útil? Sabemos que en la Palabra de Dios cuando un tema es importante es tratado con más extensión que otros, y encontramos que hay unos 500 versículos referidos a la oración, y otro tanto respecto a la fe, pero hay cerca de 2350 versículos referidos al dinero, además en las enseñanzas de Jesús en 14 de las 29 parábolas está presente el dinero o su utilización como medio para analizar el comportamiento de las personas; ¿Será entonces que el énfasis no es el dinero en si mismo sino como lo utilizamos?

1 Timoteo. 6:10 Porque raíz de todos los males es el amor al dinero, el cual codiciando algunos, se extraviaron de la fe y fueron traspasados de muchos dolores.

Finalmente preguntémonos como se expande en la tierra la obra de Dios, es cierto que Dios sostiene a sus obreros, pero de qué modo? poniendo en el corazón de sus hijos y en el de otros, la generosidad para dar todo aquello que se necesita.

Será bueno entonces que estudiemos a la luz de TODA la Palabra de Dios estos aspectos que parecen contradictorios, pero que en realidad no lo son y solo por nuestro desconocimiento los creemos así.

I

¿QUE SE ENTIENDE POR PROSPERIDAD BÍBLICA?

La palabra PRÓSPERO tiene una connotación de éxito y triunfo, prosperidad indica tener abundancia o lo suficiente para vivir bien, pudiendo compartir con otros; y cubre necesidades personales, materiales y espirituales.

Ser próspero significa alcanzar el propósito para el que fuimos creados e involucra todos los aspectos de la vida armonizados con el pensamiento de Dios:

Sanidad mental
Claridad de pensamientos
Objetividad en la forma de vivir
Vivir en un ambiente de amor por el prójimo (primero la familia, luego los de la fe y finalmente el resto de las personas)
El Salmo 1 nos revela los fundamentos de una vida plena

y nos muestra porque quienes la buscan por otras vías (drogas, dinero, fama, poder etc.) terminan arruinando sus vidas.

Salmo 1: 1-3; Salmo 1:1 Bienaventurado el varón que no anduvo en consejo de malos,

Ni estuvo en camino de pecadores, Ni en silla de escarnecedores se ha sentado;

Será como árbol plantado junto a corrientes de aguas, Que da su fruto en su tiempo, Salmo 1:2 Sino que en la ley de Jehová está su delicia, Y en su ley medita de día y de noche

Salmo 1:3 Y su hoja no cae; Y todo lo que hace, prosperará.

Bienaventurado = אֶשֶׁר **ésher**; (de h833); felicidad; solo en const. masc. plur. como interj., ¡cuan feliz!:- bienaventurado, dichoso. También = 'ashrê (אַשְׁרֵי,),

«bienaventurado, feliz». De las 44 veces que aparece este nombre, 40 están en pasajes poéticos: 26 veces en los Salmos y 8 en Proverbios. El término comunica básicamente la «prosperidad» o «felicidad» que experimentan los que son favorecidos (bendecidos) por alguien superior En la mayoría de los pasajes, quien otorga el favor es Dios mismo.

Próspero = euodoo(εὐοδόω,) significado de tener un viaje próspero, ayuda en el camino, éxito en lo propuesto

euporia(εὐπορία,) prosperidad, ganancia.

La prosperidad no se halla en el consejo de los malos. Un estilo de vida que excluye a Dios, no conduce a una vida feliz con prosperidad duradera.

Meditar en su palabra nos da sabiduría.

¿DESEA DIOS PROSPERARNOS?

Dios expresó su deseo de prosperar a su pueblo y a quienes serían sus descendientes (en la promesa a Abraham) pero requería de ellos obediencia absoluta.

Deuteronomio 10:12 Ahora, pues, Israel, ¿qué pide Jehová tu Dios de ti, sino que temas a Jehová tu Dios, que andes en todos sus caminos, y que lo ames, y sirvas a Jehová tu Dios con todo tu corazón y con toda tu alma;

Deuteronomio 10:13 que guardes los mandamientos de Jehová y sus estatutos, que yo te prescribo hoy, para que tengas prosperidad?

3Juan 1:2 Amado, yo deseo que tú seas prosperado en todas las cosas, y que tengas Salud, así como prospera tu alma.

La prosperidad es un resultado, PROSPERIDAD DE DIOS. Dios lo expresa en su Palabra como la consecuencia a una vida de fidelidad a sus principios. En estos versículos y otros que seguiremos analizando, se verá que la idea de prosperidad se relaciona con un estado de bonanza, plenitud, felicidad y que abarca todas las áreas de nuestra vida, por lo tanto, Dios no quiere que pongamos un énfasis indebido solo en lo material. Hay que mantener un equilibrio.

En todo el desarrollo de la Palabra de Dios encontramos innumerables citas referida a la voluntad de Dios de prosperar a su pueblo; por lo que haremos un recorrido mencionando las principales citas con una breve mención al propósito de cada una en su contexto.

Los términos prosperidad, prosperar, próspero en su versión original tienen diversos significados, todos con un sentido más amplio al simple enriquecimiento como podríamos imaginarnos los lectores que utilizamos el idioma español.

Leemos en:

Génesis 26:12 Y sembró Isaac en aquella tierra, y cosechó aquel año ciento por uno; y le bendijo Jehová.

Génesis 26:13 El varón se enriqueció, y fue prosperado, y se engrandeció hasta hacerse muy poderoso.

Génesis 26:14 Y tuvo hato de ovejas, y hato de vacas, y mucha labranza; y los filisteos le tuvieron envidia.

Prosperado = aumentar, avanzar, crecer, extenderse, curso favorable en todas las cosas, tener éxito en lo que se emprende.

En este pasaje vemos el cumplimiento de la promesa hecha por Dios en Génesis 26:2-3 recordando que ya antes, Dios había jurado bendecir a Abraham y a su descendencia. La obediencia de Isaac tuvo su consecuencia de parte de Dios.

Recordemos aquella promesa hecha con juramento que da inicio al propósito de Dios de bendecirnos:

Génesis 22:15 Y llamó el ángel de Jehová a Abraham por segunda vez desde el cielo,

Génesis 22:16 y dijo: Por mí mismo he jurado, dice Jehová, que por cuanto has hecho esto, y no me has rehusado tu hijo, tu único hijo;

Génesis 22:17 de cierto te bendeciré, y multiplicaré tu descendencia como las estrellas del cielo y como la arena que está a la orilla del mar; y tu descendencia poseerá las puertas de sus enemigos.

Génesis 22:18 En tu simiente serán benditas todas las naciones de la tierra, por cuanto obedeciste a mi voz.

Otras citas importantes:

Deuteronomio 11:26 He aquí yo pongo hoy delante de vosotros la bendición y la maldición:

Deuteronomio 11:27 la bendición, si oyereis los mandamientos de Jehová vuestro Dios, que yo os prescribo hoy,

Deuteronomio 11:28 y la maldición, si no oyereis los mandamientos de Jehová vuestro Dios, y os apartareis del camino que yo os ordeno hoy, para ir en pos de dioses ajenos que no habéis conocido.

Deuteronomio 29:9 Guardaréis, pues, las palabras de este pacto, y las pondréis por obra, para que prosperéis en todo lo que hiciereis.

La promesa dada a Moisés y todo su pueblo, comenzó a cumplirse con Josué, a él se le indicó como hacerla realidad:

Josué 1:3 Yo os he entregado, como lo había dicho a Moisés, todo lugar que pisare la planta de vuestro pie.

Josué 1:4 Desde el desierto y el Líbano hasta el gran río Éufrates, toda la tierra de los heteos hasta el gran mar donde se pone el sol, será vuestro territorio.

Josué 1:5 Nadie te podrá hacer frente en todos los días de tu vida; como estuve con Moisés, estaré contigo; no te dejaré, ni te desampararé.

Josué 1:6 Esfuérzate y sé valiente; porque tú repartirás a este pueblo por heredad la tierra de la cual juré a sus padres que la daría a ellos.

Josué 1:7 Solamente esfuérzate y sé muy valiente, para cuidar de hacer conforme a toda la ley que mi siervo Moisés te mandó; no te apartes de ella ni a diestra ni a siniestra, para que seas prosperado en todas las cosas que emprendas.

Josué 1:8 Nunca se apartará de tu boca este libro de la ley, sino que de día y de noche meditarás en él, para que guardes y hagas conforme a todo lo que en él está escrito; porque entonces harás prosperar tu camino, y todo te saldrá bien.

Josué 1:9 Mira que te mando que te esfuerces y seas valiente; no temas ni desmayes, porque Jehová tu Dios estará contigo en dondequiera que vayas.

Dios nunca piensa con escasez, sino con abundancia, a su pueblo le prometió dar un territorio que se extendía "hasta donde se pone el sol", indicando solo como límite el gran mar, pero así como ofrece a su pueblo la salvación por gracia (regalo) para conseguir hacer realidad sus promesas se les exigió (y se nos exige aún hoy) que nos esforcemos y seamos valientes para conquistarlas, eso sí sabiendo que él esta con nosotros y entonces nadie nos puede hacer frente ante nuestra genuina lucha; Jesús lo dijo en términos más duros aún:

Juan 16:33 Estas cosas os he hablado para que en mí tengáis paz. En el mundo tendréis aflicción; pero confiad, yo he vencido al mundo.

Esforzarse = châzaq = קָזַח Ser rígido, severo, soportar firme

Valiente =ser obstinado, bravo, alerta, determinado, con coraje, ejercer una correcta violencia en nuestro modo de vida.

En resumen: para obtener las promesas de Dios debemos esforzarnos y ser valientes.

En **Juan 3:3** Respondió Jesús y le dijo: De cierto, de cierto te digo, que el que no naciere de nuevo, no puede ver el reino de Dios.

Si hemos nacido a una nueva vida con Cristo no debemos conformarnos con solo ver el reino, debemos conquistarlo, y para ello debemos aplicar esfuerzo y valentía.

Esto nos conduce a una importante conclusión: no nos alcanza con saber o conocer la Palabra, sino que debemos aplicar acción al conocimiento. No es el conocimiento de que ya sabemos lo que nos hace exitosos sino haciendo lo que ya sabemos. Ninguna Palabra recibida será exitosa (dará frutos) en nuestra vida hasta que la pongamos en práctica.

Aquellas instrucciones dadas a Josué tuvieron fiel

cumplimiento:

Josué 21:43 De esta manera dio Jehová a Israel toda la tierra que había jurado dar a sus padres, y la poseyeron y habitaron en ella.

Josué 21:44 Y Jehová les dio reposo alrededor, conforme a todo lo que había jurado a sus padres; y ninguno de todos sus enemigos pudo hacerles frente, porque Jehová entregó en sus manos a todos sus enemigos.

Josué 21:45 No faltó palabra de todas las buenas promesas que Jehová había hecho a la casa de Israel; todo se cumplió.

Pero Dios...

En la Palabra en muchas oportunidades leeremos pero Dios... y no siempre fueron buenas las consecuencias de estos peros

Dios les advirtió que debían respetar fielmente el pacto de obediencia a sus leyes, sin embargo el pueblo una y otra vez desobedeció y se salió de las prescripciones enumeradas en Deuteronomio 28:1-14 (consecuencias de la obediencia) y cayeron bajo los castigos previstos en Deuteronomio 28:15-en adelante- (consecuencias de la desobediencia).

Podemos observar que las promesas de prosperar o no si bien inicialmente eran materiales, estas a su vez generaban un estado espiritual de dependencia a Dios que les traía paz, felicidad, etc. Por eso el concepto de prosperidad en Dios es completo, no solo la tenencia de riquezas, sino que el deseo de Dios es una vida plena, abundante, luego Jesucristo reiteraría este concepto de vida plena al decirnos:

Juan 10:10 El ladrón no viene sino para hurtar y matar y destruir; yo he venido para que tengan vida, y para que la tengan en abundancia.

Y también nos advirtió que la sola tenencia de riquezas no hace una vida completa.

Lucas 12:15 Y les dijo: Mirad, y guardaos de toda avaricia; porque la vida del hombre no consiste en la abundancia de los bienes que posee.

Ya leímos en el Salmo 1 que aquel que medita en la Palabra de día y de noche prosperará, la base espiritual permite un resultado material.

Dios sabe que el dinero es esencial en la vida de las personas y como le afectará según el uso que se haga de él, por eso trata el tema extensamente.

> Hemos analizado el concepto **prosperidad** según la Palabra y también hemos leído que es el deseo de Dios prosperarnos en nuestra vida con El, necesitamos ahora clarificar la relación que debe existir entre Dios y nosotros en con respecto a esa prosperidad.

II

EL ORÍGEN DE TODAS LAS COSAS Y LA MAYORDOMÍA DEL CRISTIANO

Cualquier cosa que pensemos que es utilizada por quienes vivimos en este planeta tierra, nos remonta necesariamente a un origen o a alguien de quien provienen todas las cosas.

Quienes hemos aceptado al Señor Jesucristo como Nuestro salvador personal hemos aprendido que:

Colosenses 1:16 Porque en él fueron creadas todas las cosas, las que hay en los cielos y las que hay en la tierra, visibles e invisibles; sean tronos, sean dominios, sean principados, sean potestades; todo fue creado por medio de él y para él.

Colosenses 1:17 Y él es antes de todas las cosas, y todas las cosas en él subsisten;

Y también en

Deuteronomio 10:14 He aquí, de Jehová tu Dios son los cielos, y los cielos de los cielos, la tierra, y todas las cosas que hay en ella.

1Crónicas 29:11 Tuya es, oh Jehová, la magnificencia y el poder, la gloria, la victoria y el honor; porque todas las cosas que están en los cielos y en la tierra son tuyas. Tuyo, oh Jehová, es el reino, y tú eres excelso sobre todos.

1Crónicas 29:12 Las riquezas y la gloria proceden de ti, y tú dominas sobre todo; en tu mano está la fuerza y el poder, y en tu mano el hacer grande y el dar poder a todos.

Salmo 24:1 De Jehová es la tierra y su plenitud; el mundo, y los que en él habitan.

Hageo 2:8 Mía es la plata, y mío es el oro, dice Jehová de los ejércitos.

Pensando además que ni nosotros mismos nos pertenecemos, ya que hemos sido comprados a precio de sangre

1Corintios 6:20 Porque habéis sido comprados por precio; glorificad, pues, a Dios en vuestro cuerpo y en vuestro espíritu, los cuales son de Dios.

Por lo tanto todo el dinero que Dios permite que llegue a nuestras manos le pertenece y será para que lo administremos como simples mayordomos con obligación de rendirle cuentas del uso que hagamos; sea mucho o poco todo debe ser administrado con sumo cuidado.

El hombre fue creado a imagen y semejanza de Dios (Génesis. 1:26 a) esto implica que en el hombre yace la misma capacidad de crear, por ello Dios le dio la capacidad de generar los recursos necesarios para desarrollarse y cumplir con el propósito para el que fue creado.

Deuteronomio 8:10 Y comerás y te saciarás, y bendecirás a Jehová tu Dios por la buena tierra que te habrá dado.

Deuteronomio 8:11 Cuídate de no olvidarte de Jehová tu Dios, para cumplir sus mandamientos, sus mandamientos y sus estatutos que yo te ordeno hoy;

Deuteronomio 8:12 no suceda que comas y te sacies, y edifiques buenas casas en que habites,

Deuteronomio 8:13 y tus vacas y tus ovejas se aumenten, y la plata y el oro se te multipliquen, y todo lo que tuvieres se aumente;

Deuteronomio 8:14 y se enorgullezca tu corazón, y te olvides de Jehová tu Dios, que te sacó de tierra de Egipto, de casa de servidumbre;

Deuteronomio 8:15 que te hizo caminar por un desierto grande y espantoso, lleno de serpientes ardientes, y de escorpiones, y de sed, donde no había agua, y él te sacó agua de la roca del pedernal;

Deuteronomio 8:16 que te sustentó con maná en el desierto, comida que tus padres no habían conocido, afligiéndote y probándote, para a la postre hacerte bien;

Deuteronomio 8:17 y digas en tu corazón: Mi poder y la fuerza de mi mano me han traído esta riqueza.

Deuteronomio 8:18 Sino acuérdate de Jehová tu Dios, porque él te da el poder para hacer las riquezas, a fin de confirmar su pacto que juró a tus padres, como en este día.

Deuteronomio 8:19 Mas si llegares a olvidarte de Jehová tu Dios y anduvieres en pos de dioses ajenos, y les sirvieres y a ellos te inclinares, yo lo afirmo hoy contra vosotros, que de cierto pereceréis.

Todos nos desarrollamos con deseos de progresar, obtener aquellas cosas que nos proporcionarán confort y placer en esta vida, este deseo genuino viene de Dios, pero

vivimos en un mundo hostil a Dios en el que predomina un sistema de valores que no facilita la prosperidad de la gran mayoría, sino por el contrario son unos pocos los que se ven favorecidos a costa de los demás, esto aborrece Dios.

Partiendo de la premisa que todo le pertenece a Dios y que de Él procede todo lo que llega a nuestras manos, ya sea porque nos da la energía y sabiduría para crearlas o por facilitárnoslas directamente, debemos preguntarnos el propósito por el cual nos son dadas y entonces concluiremos que nuestro rol es el de administradores o mayordomos a quienes se les entregan bienes con cargo de rendición (aún nuestra propia vida debe incluirse en esta categorización).

Hemos recibido una nueva vida en Cristo al aceptarle como Nuestro Señor y Salvador; que hemos de hacer con ella dependerá de nosotros, pero debemos estar conscientes que un día se nos pedirá cuenta de nuestros actos y el deseo de todo servidor es ser hallado bueno y fiel. Así exactamente es como debemos interpretar también nuestro rol en la administración de todo lo que llega a nuestras manos, ya sean riquezas, dones etc.

El propósito de este estudio será referirnos más específicamente a nuestro rol de mayordomo de los bienes que el Señor permite que lleguen a nuestro poder. La primera e importante referencia será recordar La Parábola de los Talentos:

Mateo 25:14 Porque el reino de los cielos es como un hombre que yéndose lejos, llamó a sus siervos y les entregó sus bienes.

Mateo 25:15 A uno dio cinco talentos, y a otro dos, y a otro uno, a cada uno conforme a su capacidad; y luego se fue lejos

Mateo 25:16 Y el que había recibido cinco talentos fue y negoció con ellos, y ganó otros cinco talentos.

Mateo 25:17 Asimismo el que había recibido dos, ganó también otros dos.

Mateo 25:18 Pero el que había recibido uno fue y cavó en la tierra, y escondió el dinero de su señor.

Mateo 25:19 Después de mucho tiempo vino el señor de aquellos siervos, y arregló cuentas con ellos.

Mateo 25:20 Y llegando el que había recibido cinco talentos, trajo otros cinco talentos, diciendo: Señor, cinco talentos me entregaste; aquí tienes, he ganado otros cinco talentos sobre ellos.

Mateo 25:21 Y su señor le dijo: Bien, buen siervo y fiel; sobre poco has sido fiel, sobre mucho te pondré; entra en el gozo de tu señor.

Mateo 25:22 Llegando también el que había recibido dos talentos, dijo: Señor, dos talentos me entregaste; aquí tienes, he ganado otros dos talentos sobre ellos.

Mateo 25:23 Su señor le dijo: Bien, buen siervo y fiel; sobre poco has sido fiel, sobre mucho te pondré; entra en el gozo de tu señor.

Mateo 25:24 Pero llegando también el que había recibido un talento, dijo: Señor, te conocía que eres hombre duro, que siegas donde no sembraste y recoges donde no esparciste;

Mateo 25:25 por lo cual tuve miedo, y fui y escondí tu talento en la tierra; aquí tienes lo que es tuyo.

Mateo 25:26 Respondiendo su señor, le dijo: Siervo malo y negligente, sabías que siego donde no sembré, y que recojo donde no esparcí.

Mateo 25:27 Por tanto, debías haber dado mi dinero a los banqueros, y al venir yo, hubiera recibido lo que es mío con los intereses.

Mateo 25:28 Quitadle, pues, el talento, y dadlo al que tiene diez talentos.

Mateo 25:29 Porque al que tiene, le será dado, y tendrá más; y al que no tiene, aun lo que tiene le será quitado.

Mateo 25:30 Y al siervo inútil echadle en las tinieblas de afuera; allí será el lloro y el crujir de dientes.

El reino de los cielos tiene sus reglas:

a) **Eclesiastés 9:11** Me volví y vi debajo del sol, que ni es de los ligeros la carrera, ni la guerra de los fuertes, ni aun de los sabios el pan, ni de los prudentes las riquezas, ni de los elocuentes el favor; sino que tiempo y ocasión acontecen a todos.

Aunque no todos tienen los mismos talentos o capacidades, a todos se les ofrecerán oportunidades, por lo tanto todo lo que tengamos que hacer, debemos procurar sea hecho del mejor modo en relación a nuestras capacidades, sin importar que se le ofrece a otros diferentes a nosotros.

b) Dios quiere que le sirvamos, que administremos bien lo que pone a nuestro alcance.

c) Aunque todos tenemos oportunidades no todos las aprovechamos

d) Se premia la productividad y se condena al ocioso, al desinteresado, al que no valora las oportunidades que se le presentan.

Analicemos numéricamente lo que sucede en el relato de la parábola:

Pers	Cant	% del tot	Product	Acum	Reasig	Result Final	% product
1	5	62,50%	5	10	1	11	73,30%
2	2	25%	2	4	0	4	26,70%
3	1	12,50%	0	1	-1	0	0%
	8	100%	7	15	0	15	100%

Generalmente el que es más eficiente, además de lograr por su esfuerzo y capacidades mejores resultados que otros, recibe además beneficios adicionales por esa mejor productividad, lo que lo diferencia aún mas de quienes tienen resultados escasos o nulos (en el deporte de alta competencia esto es muy común) Por otro lado observamos que una mala administración tiene una doble consecuencia, afecta la economía personal por los escasos resultados y además genera conflictos en nuestra relación con Dios.

Si en la vida nos conducimos considerando lo que disponemos como propio, erramos: debiéramos reconocer a Dios como el dueño y estar agradecidos que nos permita administrar lo que llega a nuestras manos.

Así como crece nuestra relación con Dios y la comprensión de sus revelaciones, así también la buena mayordomía es un proceso, un aprendizaje en el desprendimiento del concepto "de lo mío" y una aceptación "de lo suyo".

A Dios le interesa que todo lo que llega a nuestras manos sea aprovechado al máximo para su bien (al cumplir eficazmente con el propósito por el cual nos es dado) y para nuestro bien (tendremos una vida más acorde al plan de Dios) y para el bien de los demás (al poder bendecir a otros). Este fue el propósito primero de Dios en su declaración a Abraham en:

Génesis 12:2 Y haré de ti una nación grande, y te bendeciré, y engrandeceré tu nombre, y serás bendición.

Génesis 12:3 Bendeciré a los que te bendijeren, y a los que te maldijeren maldeciré; y serán benditas en ti todas las familias de la tierra.

Esto no ocurre con quienes son infieles ante los ojos de Dios, veamos el ejemplo de la Parábola del mayordomo infiel:

Lucas 16:1 Dijo también a sus discípulos: Había un hombre rico que tenía un mayordomo, y éste fue acusado ante él como disipador de sus bienes.

Lucas 16:2 Entonces le llamó, y le dijo: ¿Qué es esto que oigo acerca de ti? Da cuenta de tu mayordomía, porque ya no podrás más ser mayordomo.

Este mayordomo actuó con los bienes como si fueran propios, disipándolos a su conveniencia, su amo reconoció su sagacidad pero le quitó la administración. A nosotros se nos pide sagacidad para actuar bien, a favor del amo, del dueño de los bienes, a fin de ganar el derecho al reconocimiento, requisito que se nos indica en:

1Corintios 4:1 Así, pues, ténganos los hombres por servidores de Cristo, y administradores de los misterios de Dios.

1Corintios 4:2 Ahora bien, se requiere de los administradores, que cada uno sea hallado fiel.

Si bien más adelante analizaremos el tema de los diezmos y ofrendas, debemos tener presente que a Dios le interesa como administramos todo lo que llega a nuestras manos, es decir que no basta con preocuparnos por dar diezmos y ofrendas correctamente y luego disponer como queramos con el resto.

Con el manejo del dinero evidenciamos nuestra relación con los semejantes pero en especial con Dios; necesitamos el carácter de hombres prudentes a fin de no caer en esclavitud financiera, debemos ser libres en nuestras decisiones económicas, solo guiados por el consejo de Dios.

No estimes el dinero en mas ni en menos de lo que vale, porque es un buen siervo y un mal amo.

¿QUE PIDE DIOS PARA PROSPERARNOS?
¿ES LA PROSPERIDAD PARA TODOS?

Si bien ya se comentó que Dios a todos da oportunidades y diversos talentos, es posible comprobar que no a todos llega la prosperidad, esto solo porque Dios conoce cuando prosperar a alguien sería perjudicial para su vida, por carecer de capacidad de administración o también por carecer de los requisitos que veremos son condicionantes para que un hijo de Dios sea prosperado.

Cada ser humano es diferente a los demás, es único, así unos viven para ser ricos, otros para sobrevivir y entre ellos habrá quienes viven para ayudar a otros a hacerles la vida menos dura.

La prosperidad bíblica es un estado del corazón y no de cuanto se posee.

Mateo 6:33 Mas buscad primeramente el reino de Dios y su justicia, y todas estas cosas os serán añadidas.

... y todas estas cosas: que habremos de comer, vestir y todo lo demás necesario para una vida abundante.

... os serán añadidas: adheridas como por magnetismo.

Proverbios 11:25 El alma generosa será prosperada; Y el que saciare, él también será saciado.

Josué 1:8 Nunca se apartará de tu boca este libro de la ley, sino que de día y de noche meditarás en él, para que guardes y hagas conforme a todo lo que en él está escrito; porque entonces harás prosperar tu camino, y todo te saldrá bien.

Ver la prosperidad material con independencia del crecimiento espiritual sería tratar el tema con mezquindad o sacar de contexto las promesas de Dios ya que Dios considera a la persona como próspera cuando vive en su voluntad y tiene una vida justa y recta.

Proverbios 10:3 Jehová no dejará padecer hambre al justo; Mas la iniquidad lanzará a los impíos.

(NVI)Proverbios 10:3 El SEÑOR no deja sin comer al justo, pero frustra la avidez de los malvados.

Proverbios 10:22 La bendición de Jehová es la que enriquece, Y no añade tristeza con ella.

La escasez y la pobreza nunca son aprobadas por Dios y menos aún cuando son el resultado de actitudes negligentes, perezosas o desobedientes a la Palabra.

Proverbios 12:27 El indolente ni aun asará lo que ha cazado; Pero haber precioso del hombre es la diligencia

Proverbios 13:4 El alma del perezoso desea, y nada alcanza; Mas el alma de los diligentes será prosperada.

Proverbios 19:15 La pereza hace caer en profundo sueño, Y el alma negligente padecerá hambre.

Proverbios 22:16 El que oprime al pobre para aumentar sus ganancias, O que da al rico, ciertamente se empobrecerá.

En cambio la Palabra nos alienta a creer que seremos bendecidos:

Proverbios 3:9 Honra a Jehová con tus bienes, Y con las primicias de todos tus frutos;

Proverbios 3:10 Y serán llenos tus graneros con abundancia, Y tus lagares rebosarán de mosto.

Proverbios 11:25 El alma generosa será prosperada; Y el que saciare, él también será saciado.

Proverbios 22:9 El ojo misericordioso será bendito, Porque dio de su pan al indigente

Proverbios 28:19 El que labra su tierra se saciará de pan; Mas el que sigue a los ociosos se llenará de pobreza.

Proverbios 28:27 El que da al pobre no tendrá pobreza; Mas el que aparta sus ojos tendrá muchas maldiciones.

En su carta Juan le deseaba a Gayo que fuera prosperado en todo (3Juan 1:2), veamos algunas de las virtudes que le hacían merecedor de tal deseo:

Gayo era generoso (Proverbios 11:25), caminaba en la verdad (Salmos 25:4-5), practicaba la hospitalidad (Romanos 12:10-15), era colaborador (3Juan 1:7-8), era dador (Lucas 6:38). Se puede leer acerca de Gayo en Hechos 19:29; 20:4, Romanos 16:23 y 1Corintios 1:14

La prosperidad no se mide por los bienes que se posee, muchas personas ricas (conforme al criterio del mundo) viven bajo depresión, sin paz ni amor y con un gran vacío en sus vidas que procuran llenar con más riquezas (avaricia). Hombres de negocios, artistas, políticos, deportistas, etc. Creen que con la fama y la ostentación suplirán su falta de paz interior, solo rindiéndose a Dios lograrían estar bien.

Dios nos prospera cuando:

a) somos fieles a El
b) nos esforzamos por ser buenos mayordomos
(1 Corintios 4:12)
c) se nos halla puros y rectos (Job 8:5-7)
d) cuando ni las emociones ni los afanes participan en nuestras decisiones financieras (Proverbios 8:10-21)
e) honramos a Dios con nuestros bienes (Proverbios 3:9-10)

III

EL MAL USO DEL DINERO

Hay un principio rector en este tema:

Mateo 6:22 La lámpara del cuerpo es el ojo; así que, si tu ojo es bueno, todo tu cuerpo estará lleno de luz;

Mateo 6:23 pero si tu ojo es maligno, todo tu cuerpo estará en tinieblas. Así que, si la luz que en ti hay es tinieblas, ¿cuántas no serán las mismas tinieblas?

Mateo 6:24 Ninguno puede servir a dos señores; porque o aborrecerá al uno y amará al otro, o estimará al uno y menospreciará al otro. No podéis servir a Dios y a las riquezas.

1 Timoteo 6:10 porque raíz de todos los males es el amor al dinero, el cual codiciando algunos, se extraviaron de la fe, y fueron traspasados de muchos dolores.

Toda la Palabra apunta a que amemos a Dios por encima de cualquier otro motivo de amor y solo aquel hijo de Dios que aprende a estar contento y agradecido con lo que tiene y que vive bajo la guía del Espíritu Santo, podrá ser bendecido por Dios y hallará el cumplimiento de las promesas de prosperidad. (Solo así Dios será nuestro Jehová Jireh -Dios nuestro proveedor-). No espere quien altere el orden de prioridades (anhelar las promesas antes que al autor de ellas) recibir algo ya que a Dios no le engañamos, Él conoce de antemano nuestros pensamientos y propósitos.

1Juan 2:15 No améis al mundo, ni las cosas que están en el mundo. Si alguno ama al mundo, el amor del Padre no está en él.

1Juan 2:16 Porque todo lo que hay en el mundo, los deseos de la carne, los deseos de los ojos, y la vanagloria de la vida, no proviene del Padre, sino del mundo.

Lucas 12:34 Porque donde está vuestro tesoro, allí estará también vuestro corazón.

Hebreos 13:5 Sean vuestras costumbres sin avaricia, contentos con lo que tenéis ahora; porque él dijo: No te desampararé, ni te dejaré;

Hebreos 13:6 de manera que podemos decir confiadamente: El Señor es mi ayudador; no temeré Lo que me pueda hacer el hombre.

El afán de riquezas responde básicamente al deseo desmedido de poseer, allí la codicia destruye cualquier buena intención y cualquier otro amor

Jesucristo en la parábola del sembrador nos explica una

de las causas porque la semilla sembrada en nuestro corazón (La Palabra de Dios) no produce resultados eficaces:

Lucas 8:14 La que cayó entre espinos, éstos son los que oyen, pero yéndose, son ahogados por los afanes y las riquezas y los placeres de la vida, y no llevan fruto.

Proverbios 1:15 Hijo mío, no andes en camino con ellos. Aparta tu pie de sus veredas,

Proverbios 1:16 Porque sus pies corren hacia el mal, Y van presurosos a derramar sangre.

Proverbios 1:17 Porque en vano se tenderá la red, Ante los ojos de toda ave;

Proverbios 1:18 Pero ellos a su propia sangre ponen asechanzas, Y a sus almas tienden lazo.

Proverbios 1:19 Tales son las sendas de todo el que es dado a la codicia, La cual quita la vida de sus poseedores.

Y tan pronto se es presa de la codicia interviene un segundo peligro, no por ello menor: la avaricia que no nos deja ver la necesidad de los demás, actúa de la mano del egoísmo que bajo argumentos equívocos pretende justificar su proceder (se puede ser avaro, codicioso y egoísta aún sin tener prosperidad, ya que son pecados alojados en el corazón y que afloran al momento de saberse tenedor de riquezas), generalmente se argumenta: lo que he conseguido es por mi esfuerzo, el que no tiene es porque no se ocupa suficientemente...etc. Y esto nos aleja del propósito por el cual Dios quiere bendecirnos.

El engaño y la mentira conducen al codicioso y avaro a actuar con deshonestidad dañando las relaciones con los demás tanto como asimismo y en nuestra relación con Dios; el pasaje descripto en Hechos 5: 1-11 en relación al comportamiento de Ananías y Safira son un ejemplo.

La deshonestidad tiene efectos colaterales, afectando a la familia y a la sociedad con la que nos relacionamos y por supuesto ante Dios

El soborno se presenta de muchas maneras, regalos, condiciones de favor etc.

Éxodo 23:8 No recibirás presente; porque el presente ciega a los que ven, y pervierte las palabras de los justos.

Deuteronomio 16:19 No tuerzas el derecho; no hagas acepción de personas, ni tomes soborno; porque el soborno ciega los ojos de los sabios, y pervierte las palabras de los justos.

Deuteronomio 16:20 La justicia, la justicia seguirás, para que vivas y heredes la tierra que Jehová tu Dios te da.

(LBLA)**Proverbios 15:27** Perturba su casa el que tiene ganancias ilícitas, pero el que aborrece el soborno, vivirá.

Proverbios 17:8 Piedra preciosa es el soborno para el que lo practica; Adondequiera que se vuelve, halla prosperidad.

Proverbios 17:23 (NVI) El malvado acepta soborno en secreto, con lo que tuerce el curso de la justicia.

(VBAD)**Proverbios 28:16** Solo un príncipe tonto oprimirá a su pueblo, pero largo será el reinado del rey que detesta la falta de honradez y el soborno.

Recordemos la advertencia de Dios en su Palabra

Proverbios 16:25 Hay camino que parece derecho al hombre, Pero su fin es camino de muerte.

Debemos cuidarnos de no actuar inmoralmente aún a pesar de que la ley nos permita ciertos actos o actividades, ya que el hombre ha dictado leyes legalizando ciertos procederes que no obstante delante de Dios siguen siendo desaprobados por inmorales; o sea no se deben hacer negocios "legales" pero inmorales. Para tener una economía sana debemos sujetarnos a las leyes morales de Dios antes que a las leyes humanas; cumpliendo las primeras con seguridad estaremos obedeciendo las segundas.

Al mismo tiempo deben concurrir otros factores morales que nos ayudarán para que nuestra economía no solo sea sana sino también próspera.

Otros errores que delante de Dios merecen su desaprobación:

a) el deseo de enriquecernos rápidamente:

Proverbios 20:21 Los bienes que se adquieren de prisa al principio, No serán al final bendecidos.

Proverbios 21:5 Los pensamientos del diligente ciertamente tienden a la abundancia; Mas todo el que se apresura alocadamente, de cierto va a la pobreza.

Existen inversiones de alto riesgo y con altos beneficios. Si ya se tuvo éxito no debe tentarse a reinvertirlo todo, debe diversificar porque si insiste por la tentación de altos rendimientos en reinvertir, es probable que termine perdiéndolo todo: se requiere ser sensato, prudente, diligente y ante el desconocimiento buscar asesoramiento de profesionales idóneos no comprometidos

Proverbios 28:20 El hombre de verdad tendrá muchas bendiciones; Mas el que se apresura a enriquecerse no será sin culpa.

Proverbios 28:22 Se apresura a ser rico el avaro, Y no sabe que le ha de venir pobreza.

b) falta de definición en sus principios.

Lucas 12:15 Y les dijo: Mirad, y guardaos de toda avaricia; porque la vida del hombre no consiste en la abundancia de los bienes que posee.

Lucas 12:16 También les refirió una parábola, diciendo: La heredad de un hombre rico había producido mucho.

Lucas 12:17 Y él pensaba dentro de sí, diciendo: ¿Qué haré, porque no tengo dónde guardar mis frutos?

Lucas 12:18 Y dijo: Esto haré: derribaré mis graneros, y los edificaré mayores, y allí guardaré todos mis frutos y mis bienes;

Lucas 12:19 y diré a mi alma: Alma, muchos bienes tienes guardados para muchos años; repósate, come, bebe, regocíjate.

Lucas 12:20 Pero Dios le dijo: Necio, esta noche vienen a pedirte tu alma; y lo que has provisto, ¿de quién será?

Lucas 12:21 Así es el que hace para sí tesoro, y no es rico para con Dios.

Lucas 16:13 Ningún siervo puede servir a dos señores; porque o aborrecerá al uno y amará al otro, o estimará al uno y menospreciará al otro. No podéis servir a Dios y a las riquezas.

Muchos creyentes se parecen al rico insensato, dicen amar a Dios, pero con los hechos lo niegan.

Debemos ser cristianos auténticos y sujetar nuestras actividades a estos principios de vida. Es común decir "soy contador, médico, empresario etc. y creo en Jesucristo como mi Salvador" cuando en realidad debiéramos decir soy "cristiano de profesión contador etc....". De esta manera estaríamos poniendo como primer objetivo nuestros principios a los que sujetaríamos nuestra actividad, solo así contaríamos con el respaldo de Dios en todo lo que hagamos.

c) no reconocer a Dios como el dador de todo. Esto nos genera un inconveniente adicional, el hecho de no estar dando el agradecimiento y reconocimiento a El de todo lo que nos permite tener para administrar, asimismo no devolverle a Él su parte o distribuir entre quienes lo necesitan de entre lo que hemos producido.

d) actitudes reñidas con los principios morales dados por Dios, tales como:

1) intervenir en negocios ilícitos (drogas, estafas, sexo, etc.)

2) practicar la usura o explotación de los más necesitados:

Proverbios 28:8 El que aumenta sus riquezas con usura

y crecido interés, Para aquel que se compadece de los pobres las aumenta.

3) negocios legales pero que deshonran a Dios (sexo, juegos, vicios, etc.)

4) practicar la mentira para beneficiarnos económicamente:

Proverbios 11:1 El SEÑOR aborrece las balanzas adulteradas, pero aprueba las pesas exactas.

5) actuar injustamente hacia nuestros dependientes (empleados, socios minoritarios, etc.) o superiores (el caso de empleados que descuidan sus tareas, reportan más horas de las realmente se trabajan etc.)

Colosenses 3:22 Siervos, obedeced en todo a vuestros amos terrenales, no sirviendo al ojo, como los que quieren agradar a los hombres, sino con corazón sincero, temiendo a Dios.

Colosenses 3:23 Y todo lo que hagáis, hacedlo de corazón, como para el Señor y no para los hombres;

Colosenses 4:1 Amos, haced lo que es justo y recto con vuestros siervos, sabiendo que también vosotros tenéis un Amo en los cielos.

Proverbios 22:16 El que oprime al pobre para aumentar sus ganancias, O que da al rico, ciertamente se empobrecerá.

e) También debemos mencionar actitudes que lejos de conducirnos a prosperidad, finalmente nos generarán esclavitud financiera:

1) ignorancia por no oír el consejo:

Proverbios 13:18 Pobreza y vergüenza tendrá el que menosprecia el consejo; Mas el que guarda la corrección recibirá honra.

2) Pereza y falta de metas o proyectos de vida:

Proverbios 6:6 Ve a la hormiga, oh perezoso, Mira sus caminos, y sé sabio; Proverbios 6:7 La cual no teniendo capitán, Ni gobernador, ni señor,

Proverbios 6:8 Prepara en el verano su comida, Y recoge en el tiempo de la siega su mantenimiento.

Proverbios 6:9 Perezoso, ¿hasta cuándo has de dormir? ¿Cuándo te levantarás de tu sueño?

Proverbios 6:10 Un poco de sueño, un poco de dormitar, Y cruzar por un poco las manos para reposo;

Proverbios 6:11 Así vendrá tu necesidad como caminante, Y tu pobreza como hombre armado.

Proverbios 10:4 La mano negligente empobrece; Mas la mano de los diligente enriquece.

Proverbios 19:15 La pereza hace caer en profundo sueño, Y el alma negligente padecerá hambre.

Proverbios 20:4 El perezoso no ara a causa del invierno; Pedirá, pues, en la siega, y no hallará.

Proverbios 20:13 No ames el sueño, para que no te empobrezcas; Abre tus ojos, y te saciarás de pan.

Proverbios 24:30 Pasé junto al campo del hombre perezoso, Y junto a la viña del hombre falto de entendimiento;

Proverbios 24:31 Y he aquí que por toda ella habían crecido los espinos, Ortigas habían ya cubierto su faz, Y su cerca de piedra estaba ya destruida.

Proverbios 24:32 Miré, y lo puse en mi corazón; Lo vi, y tomé consejo.

Proverbios 24:33 Un poco de sueño, cabeceando otro poco, Poniendo mano sobre mano otro poco para dormir;

Proverbios 24:34 Así vendrá como caminante tu necesidad, Y tu pobreza como hombre armado

3) vicios y juegos:

Proverbios 23:21 Porque el bebedor y el comilón empobrecerán, Y el sueño hará vestir vestidos rotos.

Efesios 5:18 No os embriaguéis con vino, en lo cual hay disolución; antes bien sed llenos del Espíritu,

Isaías 65:11 Pero vosotros los que dejáis a Jehová, que olvidáis mi santo monte, que ponéis mesa para la Fortuna, y suministráis libaciones para el Destino; Isa 65:12 yo también os destinaré a la espada, y todos vosotros os arrodillaréis al degolladero, por cuanto llamé, y no respondisteis; hablé, y no oísteis, sino que hicisteis lo malo delante de mis ojos, y escogisteis lo que me desagrada.

4) inmoralidades:

Proverbios 5:3 Porque los labios de la mujer extraña destilan miel, Y su paladar es más blando que el aceite;

Proverbios 5:4 Mas su fin es amargo como el ajenjo, Agudo como espada de dos filos.

Proverbios 5:5 Sus pies descienden a la muerte; Sus pasos conducen al Seol.

Proverbios 5:6 Sus caminos son inestables; no los conocerás, Si no considerares el camino de vida.

Proverbios 5:7 Ahora pues, hijos, oídme, Y no os apartéis de las razones de mi boca.

Proverbios 5:8 Aleja de ella tu camino, Y no te acerques a la puerta de su casa; Proverbios 5:9 Para que no des a los extraños tu honor, Y tus años al cruel; Proverbios 5:10 No sea que extraños se sacien de tu fuerza, Y tus trabajos estén en casa del extraño;

Proverbios 5:11 Y gimas al final, Cuando se consuma tu carne y tu cuerpo, Proverbios 5:12 Y digas: !!Cómo aborrecí el consejo, Y mi corazón menospreció la reprensión;

Proverbios 5:13 No oí la voz de los que me instruían, Y a los que me enseñaban no incliné mi oído!

5) asumir deudas de otros:

Ser fiador o codeudor:

Proverbios 6:1 Hijo mío, si salieres fiador por tu amigo, Si has empeñado tu palabra a un extraño,

Proverbios 6:2 Te has enlazado con las palabras de tu boca, Y has quedado preso en los dichos de tus labios.

Proverbios 6:3 Haz esto ahora, hijo mío, y líbrate, Ya que has caído en la mano de tu prójimo; Ve, humíllate, y asegúrate de tu amigo.

Proverbios 6:4 No des sueño a tus ojos, Ni a tus párpados adormecimiento;

Proverbios 6:5 Escápate como gacela de la mano del cazador, Y como ave de la mano del que arma lazos.

Proverbios 11:15 Con ansiedad será afligido el que sale por fiador de un extraño; Mas el que aborreciere las fianzas vivirá seguro.

Proverbios 17:18 El hombre falto de entendimiento presta fianzas, Y sale por fiador en presencia de su amigo.

Proverbios 22:26 No seas de aquellos que se comprometen, Ni de los que salen por fiadores de deudas.

Proverbios 22:27 Si no tuvieres para pagar, ¿Por qué han de quitar tu cama de debajo de ti?

Se han mencionado causales que conducen a esclavitud financiera, analizaremos a continuación a que se refiere con este término:

ESCLAVITUD FINANCIERA

El mal uso del dinero, tanto por la avaricia o la codicia de poseer mucho dinero y rápido o bien en el otro extremo por la desidia, ignorancia o pereza (ya vimos como piensa Dios al respecto) conducen al camino opuesto a la prosperidad, a la esclavitud financiera a partir de la cual ya no decidimos para nosotros sino que nos lleva a la dependencia de otros y al fracaso económico. El abandono a la obediencia a los principios enunciados por Dios en su Palabra nos dejan librados a nuestro propio esfuerzo.

Hageo 1:6 Sembráis mucho, y recogéis poco; coméis, y no os saciáis; bebéis, y no quedáis satisfechos; os vestís, y no os calentáis; y el que trabaja a jornal recibe su jornal en saco roto.

Hageo 1:9 Buscáis mucho, y halláis poco; y encerráis en casa, y yo lo disiparé en un soplo. ¿Por qué? dice Jehová de los ejércitos. Por cuanto mi casa está desierta, y cada uno de vosotros corre a su propia casa.

Al habernos salido de la cobertura de las bendiciones de Dios, todo lo que llega a nuestras manos se disipa sin rendirnos nada.

Proverbios 22:7 El rico se enseñorea de los pobres, Y el que toma prestado es siervo del que presta.

Muchos creyentes procuran ser fieles al Señor y aún servirle, como ejemplo tenemos el caso descripto en:

2Reyes 4:1 Una mujer, de las mujeres de los hijos de los profetas, clamó a Eliseo, diciendo: Tu siervo mi marido ha muerto; y tú sabes que tu siervo era temeroso de Jehová; y ha venido el acreedor para tomarse dos hijos míos por siervos.

Este hombre era temeroso de Dios pero ...lleno de deudas. Así muchos en la actualidad son presa de la cultura económica de la época, donde las deudas forman parte regular de la vida y donde se nos enseña a desenvolvernos ignorando principios vitales dados en la Palabra de Dios.

Se ignora de cuanto se dispone económicamente hablando, desconocen si los ingresos a recibir cubrirán los compromisos asumidos. El uso del crédito a través de todas sus formas (préstamos, uso de tarjetas, etc.) se ha vuelto parte necesaria del diario vivir, pero de pronto… sucede lo que debe suceder: se cae en esclavitud financiera, se llega al punto de no poder pagar las deudas regularmente nos conducen a una espiral descendente de situaciones: las refinanciaciones de los créditos, los pagos mínimos de las tarjetas traen sus implicancias (recargos por moras, antecedentes desfavorables etc.) y conducen a un punto sin salida afectándonos en la salud, malestar en la familia, incluso llegando a ser causa principal de rompimiento de vínculos matrimoniales.

Una buena deuda no es tan buena como ninguna

Si se cae en estas situaciones, se debe saber que con Dios todo es posible, pero requiere un cambio integral, hacer borrón y cuenta nueva, volvernos a los principios de la Palabra a fin de que con su guía podamos revertir la situación y remontar la crisis, no importa cuán bajo se haya caído; Habrá que dar pasos firmes, a veces lentos pero que a su tiempo darán el resultado deseado.

El primer paso será blanquear la situación, conocer el estado real de esclavitud en el que se ha caído, solo entonces se podrá emitir un diagnóstico correcto y elaborar un plan de recuperación.

Nuestros objetivos solo pueden alcanzarse a través de un plan en el que debemos creer con fervor y sobre el que debemos actuar con energía.

El mejor instrumento para obtener ese diagnóstico es

elaborar un presupuesto de situación, el cual nos revelará cuales son nuestros ingresos tanto inmediatos como futuros e igualmente cuales los compromisos de pagos asumidos. En esta primera etapa no es necesario pensar en un presupuesto demasiado sofisticado, solo crear columnas de ingresos y egresos y ver resultados netos, luego se analizarán cada uno de los ítems poniendo énfasis en la urgencia de los compromisos, o sea la trascendencia de cada rubro.

Ingreso $2000, Gasto $1999 resultado Felicidad

Ingreso $2000, Gasto $2001 resultado Esclavitud

La persona que no sabe de dónde sacará su próximo peso, probablemente tampoco sepa a donde fue a parar el último que gastó.

Dentro de los ingresos habrá que evaluar posibles mejoras partiendo de la idea de haber entregado "todo" en las manos de Dios y basándonos en el compromiso de serle fiel a Él dándole lo que le corresponde a fin de contar con su bendición en lo que resta, solo así comenzarán a funcionar los principios de bendición y multiplicación.

En el análisis de los egresos habremos de considerar los prescindibles y replantear nuestro modo de gastar, cerrando el grifo a los gastos superfluos; habremos de elegir cancelar prioritariamente aquellas deudas que generan costos financieros adicionales a la compra misma (tarjetas de créditos con compras a largo plazo) eligiendo primero los de más alto interés de recargo. (Es importante aclarar que existen ventas a plazo supuestamente sin interés, esto es así cuando se pagan normalmente todos los vencimientos, pero cuando se comienzan a refinanciar saldos, al pagar solo mínimos mensuales, la incidencia de los intereses es muy importante).

No todo el dinero que sale de tu bolsillo es un gasto, estudia, invierte y genera ingresos para tu futuro.

El que compra lo superfluo pronto tendrá que vender lo necesario.

De este análisis ingresos-egresos deberá surgir un plan de salida de nuestra esclavitud que se deberá respetar en forma estricta y solo en casos de emergencias permitirnos sea alterado; de ese modo sabremos (con la reducción máxima posible de gastos y las mejoras previstas en los ingresos) cuanto tiempo nos tomará remontar nuestra actual situación económica.

Le preguntó el hijo al padre:
¿Padre que son las tarjetas de crédito?
El padre respondió:
Hijo, son las caretas de plástico que nos ponemos para pedir prestado.
Una vez canceladas las deudas con tarjetas y de ser posible se debiera renunciar a ellas o en su defecto solo operar de contado con las mismas (es decir que lo que se compra en el mes se abona en el primer vencimiento)

El hombre que sabe gastar y ahorrar es el más feliz porque disfruta de ambas cosas

Recordemos que el único lugar donde éxito viene primero que trabajo es en el diccionario; por lo tanto debemos esforzarnos en ser fieles en cumplir el plan establecido.

IV

DANDO A DIOS LO QUE ES DE DIOS Y A CESAR LO QUE ES DE CESAR

Al referirnos al modo de salir de toda esclavitud financiera se mencionó como condición primordial y básica nuestra disposición a reconocer que todo es de Dios y que El nos permite ser sus mayordomos o administradores de todo lo que pone a nuestro alcance, además de hacerle partícipe en todas las decisiones que adoptemos; pero no significa esto que todo aquello que Dios permite llegue a nuestras manos, es para que dispongamos como a nosotros nos place; en el reino de Dios debemos sujetarnos a la regla que parte de lo que recibimos es para le sea devuelto a nuestro dador como un reconocimiento por tenernos por dignos de ser sus administradores de lo que finalmente dejará en nuestras manos y de lo que solo nos pedirá cuenta de la fidelidad con que lo hemos manejado.

Mateo 22:20 Entonces les dijo: ¿De quién es esta imagen, y la inscripción?

Mateo 22:21 Le dijeron: De César. Y les dijo: Dad, pues, a César lo que es de César, y a Dios lo que es de Dios. (ídem Marcos 12:17 y Lucas 20:25)

Ingresamos en este capítulo en un tema que tiene varias aristas y que según sea el punto de vista de quien lo trata tendrá distintas implicancias.

Para el no creyente siempre ha sido motivo de conflicto o perturbación el saber que quienes amamos a Dios somos impulsados a dar; esta es la esencia misma del creyente, basados en el ejemplo máximo mostrado por Dios quien no escatimó en Dar a su Hijo en sacrificio a favor de la humanidad.

Romanos 8:32 El que no escatimó ni a su propio Hijo, sino que lo entregó por todos nosotros, ¿cómo no nos dará también con él todas las cosas?

Este último versículo confirma que nuestro Dios es DADOR (Dio a su Hijo y sigue dando para suplir todas las necesidades de sus hijos) El es un Dios proveedor y anhela que nosotros actuemos a su imagen y semejanza y nos convirtamos en dadores siguiendo su ejemplo, dadores de vida (para esto nos dice que somos Salmo y luz del mundo) y dadores de bienes (para suplir las necesidades del prójimo) por esto su Palabra nos dice que El ama al dador dispuesto, generoso, de corazón alegre.

2Corintios 9:7 Cada uno dé como propuso en su corazón: no con tristeza, ni por necesidad, porque Dios ama al dador alegre.

2Corintios 9:8 Y poderoso es Dios para hacer que abunde en vosotros toda gracia, a fin de que, teniendo siempre en todas las cosas todo lo suficiente, abundéis para toda buena obra;

La manera de dar refleja el estado del corazón de esa persona.

En sus comienzos la Iglesia sentó un grato precedente; leemos en

Hechos 4:32 Y la multitud de los que habían creído era de un corazón y un alma; y ninguno decía ser suyo propio nada de lo que poseía, sino que tenían todas las cosas en común.

Hechos 4:34 Así que no había entre ellos ningún necesitado; porque todos los que poseían heredades o casas, las vendían, y traían el precio de lo vendido,

Hechos 4:35 y lo ponían a los pies de los apóstoles; y se repartía a cada uno según su necesidad.

El propósito de Dios en el dar es una gran enseñanza: vencer el egoísmo inherente a todo ser humano.

En el encabezado hablamos de dar a Dios y al César; esto nos llega a determinar qué es lo que debemos dar a cada uno.

Dios en su Palabra nos insta a ser obedientes a las autoridades y a la vez ser respetuosos del pago de contribuciones, impuestos y de todos los servicios que utilizamos además de todo lo que debemos adquirir para desarrollar una vida normal: comida, abrigo, mantenimiento de los bienes que Dios nos ha provisto para nuestro bienestar (casa, automóvil, artefactos del hogar, etc.) y cumplir con el pago regular de aquellos compromisos asumidos en el tiempo (deudas).

Los impuestos después de todo, son cuotas que pagamos por el privilegio de pertenecer a una sociedad organizada (lo dijo Franklin D Roosevelt)

Por lo tanto después de haber cumplido con Dios, dándole a Él lo que le corresponde el resto debe ser administrado según nuestro rol de mayordomos dando al César lo que le corresponde y también habremos de incluirnos nosotros mismos, ya que el ahorro será fundamental para nuestro crecimiento económico.

Si añades un poco a lo poco y lo haces con frecuencia, pronto llegará a ser mucho

El tema a tratar ahora es que o cuanto es lo que le corresponde a Dios, o sea lo que debemos apartar para Él como adoración y como reconocimiento de todo lo que de Él recibimos.

Dentro de la iglesia se ha generado una discusión acerca de la comprensión de la Palabra en diversas áreas, ejemplo tradicional es lo relativo al momento de la segunda venida del Señor Jesucristo y del rapto y resurrección de los muertos en Cristo existiendo doctrinas que el hombre ha elaborado conforme a su comprensión de los pasajes bíblicos referidos al tema, tenemos los pre-tribucionalistas y los post-tribucionalistas según crean que el rapto y resurrección se produce antes o durante los eventos finales descriptos en la profecía de Daniel 9

(Semana 70 de Daniel).

Del mismo modo encontramos quienes consideran que el creyente debe dar ofrendas y diezmos, las primeras voluntariamente y según diversas motivaciones, siendo los segundos, en cambio obligatorios y según sea lo recibido entienden que el 10% debe retornarse a Dios siendo el destino de los mismos variados, pero básicamente para el sostén ministerial y el cumplimiento de los planes de sostenimiento de las estructuras o edificios congregacionales e incluso para sostener los planes de expansión de la iglesia a través de misioneros etc. En el otro extremo existen los que consideran que no es exigible para el creyente el cumplimiento del diezmo ya que consideran solo es de exigencia para el pueblo de Israel sujeto al Antiguo Testamento.

Veremos a continuación los principales argumentos que sostienen los que consideran no exigible el diezmo (que sirve a la vez para verificar los puntos doctrinales que justifican los de la primera corriente).

a) Solo hay dos casos aislados en los que se habla concretamente del diezmo antes que este tributo fuese incluido en la Ley dada a Moisés:

1) **Génesis 14:17** Cuando volvía de la derrota de Quedorlaomer y de los reyes que con él estaban, salió el rey de Sodoma a recibirlo al valle de Save, que es el Valle del Rey.

Génesis 14:18 Entonces Melquisedec, rey de Salem y sacerdote del Dios Altísimo, sacó pan y vino;

Génesis 14:19 y le bendijo, diciendo: Bendito sea Abram

del Dios Altísimo, creador de los cielos y de la tierra;

Génesis 14:20 y bendito sea el Dios Altísimo, que entregó tus enemigos en tu mano. Y le dio Abram los diezmos de todo.

Antes de este evento no se menciona que Abraham haya diezmado y tampoco que lo siguiera haciendo después

2) **Génesis 28:16** Y despertó Jacob de su sueño, y dijo: Ciertamente Jehová está en este lugar, y yo no lo sabía.

Génesis 28:17 Y tuvo miedo, y dijo: ¡Cuán terrible es este lugar! No es otra cosa que casa de Dios, y puerta del cielo.

Génesis 28:18 Y se levantó Jacob de mañana, y tomó la piedra que había puesto de cabecera, y la alzó por señal, y derramó aceite encima de ella.

Génesis 28:19 Y llamó el nombre de aquel lugar Bet-el, aunque Luz era el nombre de la ciudad primero.

Génesis 28:20 E hizo Jacob voto, diciendo: Si fuere Dios conmigo, y me guardare en este viaje en que voy, y me diere pan para comer y vestido para vestir,

Génesis 28:21 y si volviere en paz a casa de mi padre, Jehová será mi Dios.

Génesis 28:22 Y esta piedra que he puesto por señal, será casa de Dios; y de todo lo que me dieres, el diezmo apartaré para ti.

El compromiso de Jacob fue condicional, solo diezmaría si Dios lo bendecía en el viaje, no menciona a repetir su compromiso fuera de él.

En ambos casos se ve que son hechos aislados que no suponen un compromiso de continuidad.

b) Al ser incluido el diezmo entre los puntos de obediencia de la Ley de Moisés se establecieron propósitos y tiempos en lo que debía realizarse. Básicamente siempre estaba referido a lo producido por tierra, árboles frutales o animales y el propósito era para el sostén de la familia de los levitas (los que no habían recibido tierras en el momento del reparto entre las tribus, ya que ellos servían al ministerio) y los levitas a su vez pasaban un diezmo (del total de diezmos recibidos) a los sacerdotes.

Levítico 27:30 Y el diezmo de la tierra, así de la simiente de la tierra como del fruto de los árboles, de Jehová es; es cosa dedicada a Jehová.

Levítico 27:31 Y si alguno quisiere rescatar algo del diezmo, añadirá la quinta parte de su precio por ello.

Levítico 27:32 Y todo diezmo de vacas o de ovejas, de todo lo que pasa bajo la vara, el diezmo será consagrado a Jehová.

Números 18:21 Y he aquí yo he dado a los hijos de Leví todos los diezmos en Israel por heredad, por su ministerio, por cuanto ellos sirven en el ministerio del tabernáculo de reunión.

Números 18:24 Porque a los levitas he dado por heredad los diezmos de los hijos de Israel, que ofrecerán a Jehová en ofrenda; por lo cual les he dicho: Entre los hijos de Israel no poseerán heredad.

Números 18:26 Así hablarás a los levitas, y les dirás: Cuando toméis de los hijos de Israel los diezmos que os he dado de ellos por vuestra heredad, vosotros presentaréis de ellos en ofrenda mecida a Jehová el diezmo de los diezmos.

Números 18:27 Y se os contará vuestra ofrenda como grano de la era, y como producto del lagar.

Números 18:28 Así ofreceréis también vosotros ofrenda a Jehová de todos vuestros diezmos que recibáis de los hijos de Israel; y daréis de ellos la ofrenda de Jehová al sacerdote Aarón.

En caso de no entregarse frutos podían reemplazarse por dinero añadiéndose un quinto del valor del producto.

Levítico 27:31 Y si alguno quisiere rescatar algo del diezmo, añadirá la quinta parte de su precio por ello.

(Existían además algunas particularidades al final del tercer y sexto año dentro del ciclo de siete años que regía toda la vida religiosa del pueblo).

c) Otros hechos o actividades practicadas antes de instituirse la Ley y que luego se incluyeron en ella (ej. Dios mandó distinguir entre animales limpios y no al momento de subirlos al arca; otro: se levantaron altares antes que se diera la ley) Ninguno de estos actos son práctica del nuevo testamento.

d) El cumplimiento del diezmo era normal en el tiempo de Jesucristo (porque vivían bajo los preceptos de la Ley de Moisés) y Él mismo confirmó su necesidad de hacerlo al hablar con los fariseos; el Nuevo Testamento tendría su anuncio en la Cena Pascual de Jesucristo con los Apóstoles y su concreción en el sacrificio de Jesucristo en la cruz y el tiempo de la Iglesia comenzó a partir de La venida del Espíritu Santo relatada en Hechos 1:8.

e) El Nuevo Testamento es mejor que el Antiguo

Hebreos 7:18 Queda, pues, abrogado el mandamiento anterior a causa de su debilidad e ineficacia.

Hebreos 7:22 Por tanto, Jesús es hecho fiador de un mejor pacto.

Hebreos 8:6 Pero ahora tanto mejor ministerio es el suyo, cuanto es mediador de un mejor pacto, establecido sobre mejores promesas.

Y la voluntad de Dios acerca del dar se expresa en:

1) Debemos obtener dinero legítimamente, para ayudar a otros:

Efesios 4:28 El que hurtaba, no hurte más, sino trabaje, haciendo con sus manos lo que es bueno, para que tenga qué compartir con el que padece necesidad.

2) Se debe ofrendar generosamente y en forma semanal

1Corintios 16:1 En cuanto a la ofrenda para los santos, haced vosotros también de la manera que ordené en las iglesias de Galacia.

1Corintios 16:2 Cada primer día de la semana cada uno de vosotros ponga aparte algo, según haya prosperado, guardándolo, para que cuando yo llegue no se recojan entonces ofrendas.

3) Se debe proveer para la familia

1Timoteo 5:8 porque si alguno no provee para los suyos, y mayormente para los de su casa, ha negado la fe, y es peor que un incrédulo.

4) Debe usarse el dinero con benevolencia

Lucas 10:30 Respondiendo Jesús, dijo: Un hombre descendía de Jerusalén a Jericó, y cayó en manos de ladrones, los cuales le despojaron; e hiriéndole, se fueron, dejándole medio muerto.

Lucas 10:31 Aconteció que descendió un sacerdote por aquel camino, y viéndole, pasó de largo.

Lucas 10:32 Asimismo un levita, llegando cerca de aquel lugar, y viéndole, pasó de largo.

Lucas 10:33 Pero un samaritano, que iba de camino, vino cerca de él, y viéndole, fue movido a misericordia;

Lucas 10:34 y acercándose, vendó sus heridas, echándoles aceite y vino; y poniéndole en su cabalgadura, lo llevó al mesón, y cuidó de él.

Lucas 10:35 Otro día al partir, sacó dos denarios, y los dio al mesonero, y le dijo: Cuídamele; y todo lo que gastes de más, yo te lo pagaré cuando regrese.

Lucas 10:36 ¿Quién, pues, de estos tres te parece que fue el prójimo del que cayó en manos de los ladrones?

Lucas 10:37 Él dijo: El que usó de misericordia con él. Entonces Jesús le dijo: Ve, y haz tú lo mismo.

Gálatas 6:10 Así que, según tengamos oportunidad, hagamos bien a todos, y mayormente a los de la familia de la fe.

1Timoteo 6:18 Que hagan bien, que sean ricos en

buenas obras, dadivosos, generosos;

1Juan 3:17 Pero el que tiene bienes de este mundo y ve a su hermano tener necesidad, y cierra contra él su corazón, ¿cómo mora el amor de Dios en él?

1Juan 3:18 Hijitos míos, no amemos de palabra ni de lengua, sino de hecho y en verdad.

5) El corazón convertido del creyente debe dictar la medida con que se da:

2Corintios 9:7 Cada uno dé como propuso en su corazón: no con tristeza, ni por necesidad, porque Dios ama al dador alegre.

(Imaginemos una contradicción difícil de resolver: si con el corazón disponemos dar a Dios un % menor al 10% pecaríamos si el diezmo fuera obligatorio?)

6) Cristo nos redimió de la maldición de la ley, lejos esta entonces la voluntad de Dios de aplicar Malaquías 3:10 al creyente, si este no cumpliere con aquella obligación. (Allí se habla específicamente del pueblo de Israel bajo la Ley)

UNA CONCLUSION de este tema sería:

Si el creyente tiene comprada aún su propia vida por Cristo y el Nuevo Pacto es MEJOR que el antiguo, es de esperar que su generosidad se exprese en todo sentido en el DAR;

Debe ser ejemplo en dar a conocer la Verdad de Dios, debe dar amor, debe dar generosamente al necesitado, debe dar para que el evangelio se expanda;

ENTONCES NUNCA DEBIERA DAR (entendiendo

que en su corazón así se lo propondrá) **UNA MENOR MEDIDA QUE LA EXIGIDA EN EL ANTIGUO PACTO**; es decir que el creyente esté o no esté obligado a diezmar (según las posiciones doctrinales antes descriptas) **NUNCA**, debiera dar de corazón, menos de un 10% de lo que reciba de Dios, pero puede dar aún más (lo que no era propio para el pueblo israelita), tal es el ejemplo de aquellos que han comprendido que el propósito de la prosperidad de Dios es para que podamos dar abundantemente y entonces dar el 20, 30 o hasta el 90% de lo que se reciban y administrar eficientemente el resto que queda (muchos son lo que han lo han comprendido así y lo hacen y aún Dios los ha prosperado en gran manera hasta hacerlos millonarios en sus emprendimientos comerciales)

Así como nadie alcanza madurez espiritual de la noche a la mañana siguiente, sino que es un proceso, también se adquirirá la capacidad o comprensión de dar generosamente a medida que se desarrolla su vida en Cristo, debiendo ser el punto de partida un % no menor al exigido en el antiguo pacto (el diezmo) (ya que el nuevo pacto supone mejores condiciones)

V

¿ES LA PROSPERIDAD PARA TODOS?

Ya hemos mencionado el deseo de Dios de prosperar a sus hijos, también se explicó que el término tiene en la Palabra un significado más amplio que el solo crecimiento económico; Dios desea en realidad que sus hijos sean bendecidos en paz, gozo, con una vida plena que puede o no incluir abundancia económica, incluso alaba al que es pobre por no caer en los vicios de los que solo buscan riquezas, pero vive en paz:

(NVI)Proverbios 28:6 Más vale pobre pero honrado, que rico pero perverso.

Cuando se aprende a reconocer a Dios como el proveedor de todo, cuando se descansa en la confianza de la provisión de Él más que en el esfuerzo afanoso de nuestra parte entonces estaremos en la senda correcta para recibir aquellas cosas que pedimos y que necesitamos. (Nuestro afán en cambio, hará que las mismas huyan de nosotros)

Según la Palabra podemos analizar dos posiciones a fin de reconocer nuestro estado de dependencia ante Dios:

1) AGUR oraba así:

Proverbios 30:8 Vanidad y palabra mentirosa aparta de mí; No me des pobreza ni riquezas;

Mantenme del pan necesario;

Proverbios 30:9 No sea que me sacie, y te niegue, y diga: ¿Quién es Jehová? O que siendo pobre, hurte, Y blasfeme el nombre de mi Dios.

Los creyentes tipo Agur estarán bien, en victoria, felices y agradecidos al Dios proveedor o caerán en angustias, se considerarán en derrota y toda su fe en Dios puede desaparecer según tengan abundancia o escasez respectivamente, serán personas de doble ánimo, hoy en la cumbre, mañana en el precipicio, y quienes oren como Agur es de esperar que maduren en su fe hacia el Dios de toda provisión hasta el punto de independizar su estado de gozo de la situación económica por la que estén pasando.

Dios hizo su parte a través de Cristo, nos redimió de toda maldición, perdonó nuestros pecados, nos dio nueva vida y desea que esa vida sea abundante, plena.

Quien nos enseña que pidamos?, Quien nos indica los pasos para recibir todo lo que necesitamos?

No debemos atribuir al dinero virtudes que no le

corresponden. Solo en Dios hallaremos gozo, paz, vida abundante; en el mundo sin Dios se busca la felicidad en lo externo, en las cosas que se poseen, en cambio lo que Dios ofrece es interno y afectará nuestro carácter, para que podamos contentarnos con lo que tengamos, solo así El permitirá que tengamos mas ya que después de desprendernos de lo que recibimos no se verá afectada nuestra relación con Él.

Este proceso de maduración culmina cuando podemos decir junto al apóstol Pablo:

b) **Filipenses 4:11** No lo digo porque tenga escasez, pues he aprendido a contentarme, cualquiera que sea mi situación.

Filipenses 4:12 Sé vivir humildemente, y sé tener abundancia; en todo y por todo estoy enseñado, así para estar saciado como para tener hambre, así para tener abundancia como para padecer necesidad.

Filipenses 4:13 Todo lo puedo en Cristo que me fortalece.

Ahora nuestra relación con Dios no se mide por lo que tenemos o hemos recibido; hemos aprendido a valorar la razón por la que Dios permite que sus bendiciones lleguen a nuestras manos y el propósito por el que nos las da.

Hemos aprendido a:

a) Reconocer que Dios es el dueño de todo y que de Él proceden todas las cosas.

Salmos 24:1 De Jehová es la tierra y su plenitud; El mundo, y los que en él habitan.

b) El cubre nuestras necesidades. Esto no es un seguro contratado para no padecer tropiezos o momentos de escasez. El dinero es como el humo que de pronto desaparece. Solo nuestra confianza en el Dios Proveedor nos ayudará a superar pruebas o circunstancias de la vida.

c) Nos muestra su guianza. Si solo anhelamos tener cosas materiales, nuestro corazón estará lejos de Dios, pero si nos dejamos guiar por su Espíritu Santo entonces hallaremos el modo de vivir en paz y armonía con Dios y Él se encargará de nuestras necesidades. Se requiere aprendizaje para vivir conforme a las leyes del reino

Mateo 6:33 Mas buscad primeramente el reino de Dios y su justicia, y todas estas cosas os serán añadidas.

Mateo 6:34 Así que, no os afanéis por el día de mañana, porque el día de mañana traerá su afán. Basta a cada día su propio mal.

d) Nos enseña a compartir: Solo somos bendecidos para ser de bendición, caso contrario el egoísmo nos alejará de su voluntad. Tener y no poder disfrutar por vivir fuera de la voluntad de Dios es un esfuerzo en vano. (pura vanidad)

Eclesiastés 6:2 un hombre a quien Dios ha dado riquezas, bienes y honores, y nada le falta a su alma de todo lo que desea, pero que Dios no le ha capacitado para disfrutar de ellos, porque un extraño los disfruta. Esto es vanidad y penosa aflicción.

Ya se mencionó que la prosperidad de Dios no es solo económica, es completa y abarca todos los aspectos de nuestra vida, cuando por error buscamos todo eso fuera de Dios (tenencia de dinero de un modo egoísta para adquirir poder, fama, placeres) nuestras vidas están condenadas al fracaso.

Salomón pasó en su vida por tres estados o etapas:

Primero bajo la bendición abundante de Dios, lo que le proporcionó todo lo que pudiera anhelar cualquier ser viviente (al punto de llegar a ser el ser humano más rico que se haya conocido), pero cayó en un estado de búsqueda de placeres y lujuria en presencia de dioses extraños, hasta que al final de sus días pudo recapacitar y volver a ser el sabio bendecido por Dios y pudo escribir lo vano de la vida fuera de la voluntad de Dios

Eclesiastés 2:10 Y de todo cuanto mis ojos deseaban, nada les negué, ni privé a mi corazón de ningún placer, porque mi corazón gozaba de todo mi trabajo, y ésta fue la recompensa de toda mi labor.

Eclesiastés 2:11 Consideré luego todas las obras que mis manos habían hecho y el trabajo en que me había empeñado, y he aquí, todo era vanidad y correr tras el viento, y sin provecho bajo el sol.

En relación al título de este capítulo debemos preguntarnos: ¿Es la Salvación para todos? Sin embargo no todos la reciben. El sacrificio de Cristo en la cruz implicó una entrega total cuyo sufrimiento era para liberarnos de nuestra condenación, de nuestras enfermedades, de nuestra miseria, y pese a ello muchos rehúsan esa salvación, otros no reciben sanidad de sus enfermedades.

Dios al que quiere bendice, a otros los mantiene con el pan necesario porque sabe (como decía Agur) que si tuvieran más sus codicias les perderían.

La condición de bienestar del hombre va más allá de lo que posee. La palabra de Dios vuelve sabio ala hijo de Dios y le enseñará que debe y que no debe anhelar y si se aprende a vivir en armonía con Dios, bajo su dirección se puede ser rico y próspero, el dinero en sí mismo no es malo, la falta de control sobre él sí lo es.

Dentro del mundo religioso hablar que Jesús vino para darnos una vida abundante (que es lo mismo que próspera –recordar el concepto amplio de esta palabra-) causa confusión, porque existe una falsa creencia que cuanto más se sufre y se es pobre, más santo se es, pero la mas de las veces esas pruebas son consecuencia de una mala mayordomía o aún de vidas con pecados inconfesos (vicios ocultos etc.) que les llevan a hacer cosas incorrectas o de no aprovechar oportunidades que Dios les pone delante de ellos, y lo que se ve como pruebas en realidad son castigos a la insensatez por el modo de vida que se lleva.

Como ejemplo de pobreza se suele poner a Jesucristo, que no tuvo riquezas, dicen… Sin embargo la Palabra nos enseña otra cosa

2Corintios 8:9 Porque conocéis la gracia de nuestro Señor Jesucristo, que siendo rico, sin embargo por amor a vosotros se hizo pobre, para que vosotros por medio de su pobreza llegarais a ser ricos.

- Por su llaga fuimos sanados
- Por su muerte nos dio vida
- Por su pobreza nos hizo ricos

Cada vez que somos bendecidos debemos recordar su

sacrificio a favor nuestro

Jesús pagó el precio

- De nuestras enfermedades

- De nuestros pecados

- De nuestra pobreza

Se necesita aclarar enfáticamente:

Jesús NO murió para que seamos hechos multimillonarios, pero sí para que NO seamos pobres y Él quiso que tuviéramos lo necesario para una vida plena.

1Pedro 3:9 no devolviendo mal por mal, o insulto por insulto, sino más bien bendiciendo, porque fuisteis llamados con el propósito de heredar bendición.

Hay diversos llamados de parte de Dios, pero para todos es el llamado a heredar bendición. (Esto es consecuencia de la existencia de una herencia producto del pacto o nuevo testamento que él nos ha dejado) El heredero (Jesús) al morir y resucitar nos hace coherederos con Él.

Gálatas 4:7 Por tanto, ya no eres siervo, sino hijo; y si hijo, también heredero por medio de Dios.

Dios nos incluye en la bendición de su Hijo como herederos con Él de todo, no es una opción, es un llamado a heredar.

VI

¿COMO NOS PROSPERA DIOS?

La aplicación de una de las leyes de mayor peso en el reino de Dios, La Ley de la siembra y la cosecha, rige el modo en que Dios puede prosperar a sus hijos

Así como en cada célula de nuestro cuerpo está presente el ADN con todas las características que nos hace únicos, así en las promesas de Dios están insertas las bendiciones y sus hijos al aplicarlas obtienen por medio de la fe como resultado aquello que se necesita y por lo cual se acude en oración.

Es como plantar una semilla de trigo, el resultado será obtener una nueva planta de trigo, así también al creer (tener fe) (plantar) una promesa obtendremos como resultado su cumplimiento.

Si pudiéramos ver en el microscopio la fe veríamos en ella

contenidas todas las bendiciones.

Contrariamente cuando contamos con los recursos para obtener lo que necesitamos podemos admitir que en esos recursos están contenidas aquellas necesidades y para ello no necesitamos acudir a la fe para obtenerlas, solo aplicamos los recursos.

Veamos un ejemplo práctico:

(LBLA) 1Reyes 17:3 Salmo de aquí y dirígete hacia el oriente, y escóndete junto al arroyo Querit, que está al oriente del Jordán.

1Reyes 17:4 Y beberás del arroyo, y he ordenado a los cuervos que te sustenten allí.

1Reyes 17:5 Él fue e hizo conforme a la palabra del SEÑOR, pues fue y habitó junto al arroyo Querit, que está al oriente del Jordán.

1Reyes 17:6 Y los cuervos le traían pan y carne por la mañana, y pan y carne al atardecer, y bebía del arroyo.

1Reyes 17:7 Y sucedió que después de algún tiempo el arroyo se secó, porque no había caído lluvia en la tierra.

1Reyes 17:8 Vino después a él la palabra del SEÑOR, diciendo:

1Reyes 17:9 Levántate, ve a Sarepta, que pertenece a Sidón, y quédate allí; he aquí, yo he mandado a una viuda de allí que te sustente.

Se destaca en el vers. 4 "y he ordenado a los cuervos" y en el vers. 9 "he aquí, yo he mandado a una viuda" ni los cuervos, ni la viuda supieron porque pero actuaron conforme a la orden de Dios y el profeta al creer la palabra (tuvo fe) vio la bendición, el resultado: el alimento traído por los cuervos o la ayuda de la viuda.

La obediencia de Elías = nuestra fe

Puso en movimiento a los cuervos = activará la promesa a nuestro favor

Vino la ayuda de Dios = recibiremos la bendición

Solo el temor o la falta de fe nos impiden recibir las bendiciones que Dios tiene preparadas para nosotros.

También es posible que terceros extraños a nosotros formen parte del plan de Dios para bendecirnos (como los cuervos o la viuda) y solo nuestra falta de fe impide que se pongan en movimiento.

En el reino de Dios somos llamados a hacer cosas fáciles si aplicamos la fe a las promesas dada en la Palabra, aunque esto signifique en la mayoría de los casos, cosas difíciles de creer.

Cuando se piensa en ser bendecido normalmente nos imaginamos que Dios requerirá de nosotros toda una ingeniería de procedimientos complicados para estar en sintonía con Él, sin embargo solo se nos manda hacer cosas simples (a veces rayanas con el ridículo para el que no cree o entiende a Dios) pero altamente efectivas para los que creemos.

Marcos 9:23 Jesús le dijo: Si puedes creer, al que cree todo le es posible.

¿Cuál es el lenguaje con el que nos comunicamos con

Dios? El lenguaje de la fe.

Efesios 3:20 Y a Aquel que es poderoso para hacer todas las cosas mucho más abundantemente de lo que pedimos o entendemos, según el poder que actúa en nosotros,

Efesios 3:21 a él sea gloria en la iglesia en Cristo Jesús por todas las edades, por los siglos de los siglos. Amén.

Ese poder que actúa en nosotros, que no es otra cosa que la fe en su Palabra, actúa cuando pedimos creyendo. Dice la Palabra que actúa mucho más abundantemente de lo que pedimos o entendemos. Normalmente nosotros limitamos a Dios, nuestra fe se enfoca en superar dificultades o pruebas y no para alcanzar todo lo que Dios tiene para nosotros.

Debiéramos evaluar si solo utilizamos la fe para salir de dificultades o para escalar a mejores niveles de relación con Dios.

Esta dualidad la vivió constantemente el pueblo de Israel:

Debían optar entre:

Soportar la prueba = vivir con el maná, el agua de la roca, etc.
O salir de la prueba = salir del desierto y apuntar a la tierra prometida con abundancia de alimentos y ríos
Cada opción suponía sus propias dificultades o niveles de fe:

En el desierto= serpientes, escorpiones, escasez.
En la nueva tierra de la abundancia había peligros y enemigos, con posibilidad de volverse egoístas y codiciosos.

¿Que deseamos?: = ser de los que siempre están escasos y solo dependiendo de la provisión divina?

= o ser contados entre los que con la provisión divina abundante suplimos nuestras necesidades y ayudamos a otros

No debemos limitar a Dios, dejemos que Él obre a nuestro favor, no seamos escasos en nuestras peticiones; Dios con su misericordia nos perdona, pero con su justicia nos recompensa.

Proverbios 10:6 Hay bendiciones sobre la cabeza del justo; Pero violencia cubrirá la boca de los impíos.

Pensemos que la Palabra es una semilla que sembrada en nuestro corazón comienza a crecer y producir fe en esas promesas y aunque solo fue una semilla, crecerá hasta ser árbol (como la semilla de mostaza). Una vez aumentada nuestra fe podremos mover de delante nuestro aquellos montes que nos limitan (toda dificultad que nos acose).

En resumen:

Si cumplimos viviendo nuestra vida en armonía con los principios de Dios (Salmo 1) y tenemos el valor de aplicarlos en cada circunstancia con una actitud esforzada y valiente (Josué 1:8) nada impedirá que las promesas de prosperidad se cumplan en nuestra vida y si actuamos como fieles mayordomos dándoles a Dios y al César lo que corresponda, podemos anhelar que el día que el Señor nos llame a rendir cuentas, se nos diga: Bien, buen siervo y fiel, sobre poco has sido fiel, sobre mucho te pondré; entra al gozo de tu Señor. (Mateo 25:23).

¿PUEDE UN HIJO DE DIOS SER PRÓSPERO?:

Concluimos **que no solo puede, el deseo de Dios es que lo sea** y como testimonio ante el mundo **debiera serlo** para que los que no creen anhelen acercarse al Dios de la prosperidad y ser parte ellos también de los beneficios de ser hechos hijos de Dios. (Así como las señales y milagros de Jesús y luego con los Apóstoles, hacía que muchos se acercaran, en estos tiempos de dificultades económicas, ver a hijos de Dios prosperados con la bendición de Dios será más que un motivo de interés para el no creyente.)

Estimado lector, espero que ya estés bajo la bendición del Dios que enriquece y no añade tristeza con ello...

Proverbios 10:22 La bendición de Jehová es la que enriquece, Y no añade tristeza con ella.

...si aún no es así, te invito a buscar en oración y súplica a nuestro Dios para que por medio de su Espíritu Santo te guíe a su Palabra y encuentres la dirección que encauce tu vida hacia la prosperidad plena, según cómo la ve Dios.

3Juan 1:2 Amado, yo deseo que tú seas prosperado en todas las cosas, y que tengas salud, así como prospera tu alma.

Estimado Lector:

Nos interesan mucho sus comentarios y opiniones sobre esta obra. Por favor ayúdenos comentando sobre este libro. Puede hacerlo dejando una reseña en la tienda donde lo has adquirido.

Puede también escribirnos por correo electrónico a la dirección info@editorialimagen.com

Si desea más libros como éste puede visitar el sitio de **Editorialimagen.com** para ver los nuevos títulos disponibles y aprovechar los descuentos y precios especiales que publicamos cada semana.

Allí mismo puede contactarnos directamente si tiene dudas, preguntas o cualquier sugerencia. ¡Esperamos saber de usted!

Puede ponerse en contacto con el autor de esta obra escribiendo a albertoaltina@gmail.com y también visitando:

www.facebook.com/tiemposapocalipticos

www.lostiemposapocalipticos.blogspot.com

Más libros de interés

El Apocalipsis - Un estudio cronológico de los eventos finales de la Era Cristiana

Este libro fue escrito para entender las revelaciones contenidas en el Libro del Apocalipsis, tanto para el iniciado en el estudio bíblico como para quien recién se acerca a estos estudios, ya que contiene resúmenes al final de cada capítulo.

La Oración Intercesora - Principios para una vida de oración eficaz

Este libro te ayudará a descubrir el placer de orar. Aún en nuestras vidas tan agitadas podemos aprender a orar y a interceder como a Dios le agrada.

Es mi deseo que este libro te inspire a ser parte de ese ejército de Dios que continuamente clama al cielo "¡Que venga tu reino!" Sin duda Dios hará maravillas con cada vida que le crea a Él y actúe en consecuencia

Promesas de Dios para Cada Día - Promesas de la Biblia para guiarte en tu necesidad

Nuestro Padre es un Dios de Amor y no retiene ningún bien. En Su Palabra encontramos los regalos y bendiciones que nuestro Padre tiene para nosotros.

Harto de Religión - Pero deseoso del Dios vivo

Si tuviera que definir en muy pocas palabras el objetivo que persigue este libro, diría que, con una inocultable nostalgia, Picone pide volver a los tiempos del "primer amor", como reza Apocalipsis, donde quizás había menos luces, menos rayos láser, menos marketing y más simpleza y profundidad en la fe.

Instinto de Conquista

Es un libro motivacional, que desafía la inquietud de cualquier persona que anhele un cambio en su vida y no sabe por dónde comenzar.

Perlas de Sabiduría – Un devocional - 60 días descubriendo verdades en la Palabra de Dios

Una perla que se produce en el mar tiene un valor muy alto. Ha comenzado por ser un diminuto grano de arena para luego convertirse en algo muy bello que muchos buscan y codician.

Gracia para Vivir - Descubre cómo vivir la vida cristiana y ser parte de los planes de Dios

Martin Field, nos comparte en este libro sobre la gracia que proviene de Dios. La misma gracia que trae salvación también nos enseña cómo vivir mientras esperamos la venida de Jesús.

Vida Cristiana Victoriosa - Fortalece tu fe para caminar más cerca de Dios

En este libro descubrirás cómo vivir la vida victoriosa, Cómo ser amigo de Dios y ganarse Su favor, Lo que hace la diferencia, Cómo te ve Dios, Cómo ser un guerrero de Dios, La grandeza de nuestro Dios, La verdadera adoración, Cómo vencer la tentación y Por qué Dios permite el sufrimiento, entre muchos otros temas.

Dios Contigo - Tu Padre quiere hablarte y tiene un mensaje para ti

Varios autores se han reunido para darle forma a este libro, cuya intención es acercarte más al corazón de Dios.

30 días con Dios - Lecturas diarias que te fortalecerán y te acercarán al Padre

Lo que leerás a continuación es un devocional que hemos preparado con algunas de las reflexiones que ya hemos enviado por correo electrónico a miles de personas alrededor del mundo desde al año 2004

www.ingramcontent.com/pod-product-compliance
Lightning Source LLC
Chambersburg PA
CBHW052115070526
44584CB00017B/2487